Tormentas de nieve

por Jim Mezzanotte

Consultora de ciencias y contenido curricular: Debra Voege, M.A., maestra de recursos curriculares de ciencias y matemáticas

Especialista en lectura: Linda Cornwell, consultora de lectoescritura

WEEKLY READER®

PUBLISHING

Please visit our web site at **www.garethstevens.com**.
For a free color catalog describing our list of high-quality books,
call 1-800-542-2595 (USA) or 1-800-387-3178 (Canada).
Our fax: 1-877-542-2596

Library of Congress Cataloging-in-Publication Data

Mezzanotte, Jim.
　　[Snowstorms. Spanish]
　　Tormentas de nieve / por Jim Mezzanotte ; especialista en lectura, Linda Cornwell ;
consultora de ciencias y contenido curricular, Debra Voege.
　　　p. cm. — (Tiempo extremo)
　　Includes bibliographical references and index.
　　ISBN-10: 1-4339-2355-6　ISBN-13: 978-1-4339-2355-5 (lib. bdg.)
　　ISBN-10: 1-4339-2369-6　ISBN-13: 978-1-4339-2369-2 (softcover)
　　1. Blizzards—Juvenile literature.　2. Storms—Juvenile literature.　I. Title.
　QC926.37.M49318　　2010
　551.55′5—dc22　　　　　　　　　　　　　　　　　　2009006582

This edition first published in 2010 by
Weekly Reader® Books
An Imprint of Gareth Stevens Publishing
1 Reader's Digest Road
Pleasantville, NY 10570-7000 USA

Copyright © 2010 by Gareth Stevens, Inc.

Executive Managing Editor: Lisa M. Herrington
Senior Editor: Barbara Bakowski
Creative Director: Lisa Donovan
Designer: Melissa Welch, *Studio Montage*
Photo Researcher: Diane Laska-Swanke
Spanish Translators: Tatiana Acosta and Guillermo Gutiérrez

Photo credits: Cover, title page © Dainis Derics/Shutterstock; pp. 3, 4, 10, 16, 20, 22, 24 © Dan70/
Shutterstock; pp. 5, 11, 14, 17, 18, 19, 21 © AP Images; p. 6 © Flashon Studio/Shutterstock;
p. 7 © Daryl Balfour/Photo Researchers, Inc.; pp. 8, 12 Scott M. Krall/© Gareth Stevens, Inc.;
p. 9 © Martine Oger/Shutterstock; p. 13 © Richard Walters/Visuals Unlimited; p. 15 © Weatherpix
Stock Images

Printed in the United States of America

1 2 3 4 5 6 7 8 9 12 11 10 09

Contenido

Las palabras en **negrita** aparecen en el glosario.

CAPÍTULO 1
¡Viene la nieve!

En un frío día de invierno, copos de nieve comienzan a caer. En poco tiempo, cubren el suelo. ¡Ha empezado una tormenta de nieve!

A veces, las escuelas cierran cuando cae una nevada. Los niños salen a deslizarse en trineo por alguna cuesta.

Las tormentas de nieve pueden ser divertidas. Nos permiten hacer muñecos de nieve o deslizarnos en trineo. Pero una nevada puede ser también peligrosa. Los autos patinan. La gente puede caerse en las calles resbaladizas.

En Estados Unidos, la mayor cantidad de nieve cae en el norte. Algunos estados se encuentran en el **Snowbelt**, o área de acumulación de nieve.

La zona de color blanco en el mapa forma el *Snowbelt* (área de acumulación de nieve).

SNOWBELT

ESTADOS UNIDOS

N

O   E

S

Los estados del *Snowbelt* reciben mucha nieve. En un invierno, pueden caer más de 10 pies (3 metros) de nieve. ¡Es un montón de nieve para quitarla con una pala!

CAPÍTULO 2
Tormentas de nieve en acción

Una tormenta de nieve empieza con nubes. Éstas se forman cuando sube aire caliente y húmedo. A medida que sube, el aire se va enfriando.

La nieve cae de nubes de tormenta.
Las nubes están a mucha altura.

En las nubes, las gotas de agua se congelan.
Se transforman en trocitos de hielo llamados
cristales de hielo.

Algunos cristales de hielo se unen. Se convierten en copos de nieve. Los copos de nieve se hacen más pesados y caen de las nubes.

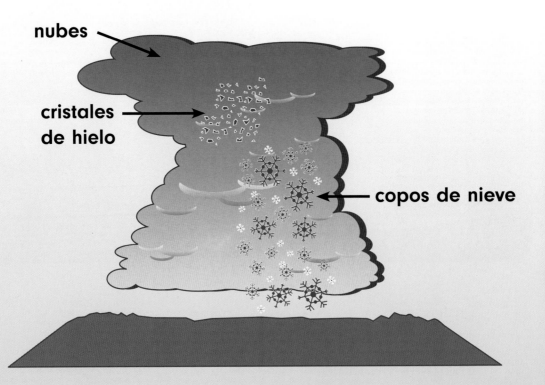

nubes

cristales de hielo

copos de nieve

Algunos copos de nieve son grandes y esponjosos. Otros parecen pequeñas agujas. Todos los copos de nieve tienen seis lados.

Cuando no hace viento, la nieve cae hacia abajo. Los vientos fuertes empujan la nieve de lado. A veces, el viento hace que la nieve se acumule en pilas muy altas llamadas **ventisqueros.**

Algunas personas tratan de sacar sus autos de la nieve.

Algunas veces, la nieve se derrite al caer si pasa por una zona de aire más caliente. Si después encuentra aire frío y se vuelve a congelar, se convierte en **aguanieve.**

El aguanieve puede cubrir los árboles de hielo. El hielo, por su peso, puede hacer que algunas ramas se partan.

15

CAPÍTULO 3
Ventiscas peligrosas

Las tormentas de nieve pueden causar muchos problemas. Autos y camiones patinan o sufren accidentes en las carreteras nevadas. Puede haber muertos y heridos.

Los aeropuertos, las escuelas y las tiendas se pueden ver obligados a cerrar. La nieve y el hielo pueden dañar los edificios y las líneas del tendido eléctrico.

Después de la tormenta, empiezan las tareas de limpieza. Máquinas quitanieves retiran la nieve de las calles.

La gente tiene que quitar con palas la nieve de las entradas y las aceras. Trabajadores reparan las líneas del tendido eléctrico que han caído.

Algunas veces, la nieve y el hielo derriban líneas del tendido eléctrico.

CAPÍTULO 4
Cómo protegerse en una nevada

Los científicos vigilan la formación de tormentas de nieve. Usan instrumentos especiales para medir el viento y estudiar las nubes de tormenta. ¡Avisan a la gente cuando se acerca una tormenta de nieve!

Durante una tormenta, lo más seguro es quedarse en casa. Así podemos ver caer la nieve sin pasar frío.

La nieve cubre estas calles, obligando a la gente a permanecer en casa. Muchas escuelas y oficinas cierran.

Glosario

aguanieve: lluvia que se convierte en hielo al caer

cristales: cuerpos sólidos con superficies lisas que se unen formando ángulos agudos

***Snowbelt*:** parte de América del Norte con inviernos fríos y abundante nieve

ventiscas: tormentas de nieve muy intensas, con fuertes vientos

ventisqueros: grandes pilas de nieve acumulada por el viento

Más información

Libros

Copos y cristales: Un libro sobre la nieve. Ciencia asombrosa: El tiempo. Josepha Sherman (Picture Window Books, 2007)

Nieva. ¿Qué tiempo hace? Suzi Boyett (Gareth Stevens, 2007)

Páginas web

Weather Wiz para niños: Tormentas invernales
www.weatherwizkids.com/winter_storms.htm
Encuentren datos, definiciones de términos sobre el tiempo y divertidas actividades.

Nota de la editorial a los padres y educadores: Nuestros editores han revisado con cuidado las páginas web para asegurarse de que son apropiadas para niños. Sin embargo, muchas páginas web cambian con frecuencia, y no podemos garantizar que sus contenidos futuros sigan conservando nuestros elevados estándares de calidad y de interés educativo. Tengan en cuenta que los niños deben ser supervisados atentamente siempre que accedan a Internet.

Índice

Información sobre el autor

Jim Mezzanotte ha escrito muchos libros para niños. Vive en Milwaukee, Wisconsin, con su esposa y sus dos hijos. Siempre ha estado interesado en los fenómenos atmosféricos, especialmente en las grandes tormentas.